AF453913

EN SUIVANT CÉSAR

(L'Alésia de Vercingétorix)

DU MÊME AUTEUR

Rimes Bressanes (Lonjaret, Louhans, 1914-1920)

Les Dits et les Ebaudes, Préface de Paul Fort, bois gravé d'Antoine-Pierre Gallien (Lonjaret, Louhans, 1921).

Des Poèmes sous la lampe, Quelques dits de gueule, Quelques dits d'amour. Celle que mon cœur aime tant.. (Figuière, Paris 1926).

L'église de Louhans (878 à 1789) Ouvrage couronné par l'Académie de Mâcon, 32 illustrations dont 2 hors-texte (Imp. Moderne, Louhans, 1906).

Une Correspondance Louhannaise, de 1870-71 (Imp. Moderne, Louhans 1916

En collaboration avec Etienne Billy

Qu'est-ce qu'on dit ? Qu'est-ce qu'on dit ? revue locale (Pélardy, Louhans 1907).

JEAN LOINAIS

EN SUIVANT CÉSAR...

(L'ALÉSIA DE VERCINGÉTORIX)

LOUHANS

LONJARET, Éditeur

1930

Il a été tiré de cet ouvrage :

50 Exemplaires sur papier Japon, numérotés de 1 à 50
500 Exemplaires sur papier bouffant

A Louis Dangel,
        bien affectueusement
             J. L.

La plupart des historiens qui se sont occupés d'Alésia, sont très intransigeants.

Ils vont, dans leur polémique, avec ceux qui ne pensent pas comme eux, du sarcasme à l'injure.

Cette attitude est incompréhensible.

Car, enfin, à l'Ecole des Chartes, on nous apprend à exiler la passion des thèses. On apprend à ne désirer que la Vérité, même si elle démolit ce qu'on avait laborieusement édifié, même si cette Vérité est moins belle, — et elle est, souvent moins belle, — que la Légende.

En tout cas, nous avons tous le droit de relire Les Commentaires de Jules César.

Le texte du vainqueur des Gaules nous conduira où il doit, à condition de le traduire sans passion, sans parti pris et sans l'interpréter d'après une thèse préconçue.

C'est ce que nous allons essayer de faire...

J. L.

CHAPITRE I

LA RETRAITE DE CÉSAR APRÈS GERGOVIE

Vercingétorix vient de remporter sa première grande victoire sur les Romains, à Gergovie.

Pour César, c'est plus qu'une défaite : c'est un véritable désastre.

Il ne l'avoue pas à ses hommes, de peur que la confiance qu'ils ont en lui, ne fléchisse, ou plutôt il l'avoue, mais en rendant responsables ses soldats eux-mêmes, de la façon la plus injuste.

Laissons-le narrer lui-même : c'est ce que nous ferons toujours, au cours de cette étude puisque nous n'avons pas d'autres textes, pas de textes gaulois, à opposer.

César (1) assembla les troupes et réprimanda leur imprudence et leur cupidité ; il les blâma d'avoir voulu juger elles-mêmes du moment où il conviendrait de s'arrêter où d'agir sans écouter le signal de la retraite, sans être retenus par les tribuns ni par les lieutenants.

Il leur représenta tout le danger d'une mauvaise position et ce que lui-même en avait pensé au siége d'Avaricum, lorsque trouvant les ennemis sans chefs et sans cavalerie, il renonça à une victoire certaine plutôt que de s'exposer à une perte même légère dans un lieu désavantageux.

Autant il admirait leur courage, qui n'avait pu être arrêté ni par les retranchements d'un camp, ni par la hauteur des montagnes, ni par les murs de la ville, autant il les blâmait de s'imaginer, dans leur insurbordination présomptueuse, savoir mieux que leur général les moyens de vaincre et le résultat de la bataille. Il ajouta qu'il n'aimait pas moins, dans un soldat la docilité et la retenue que la fermeté et la bravoure.

César, après avoir, à la fin de son discours relevé le courage des soldats en leur disant de ne pas se laisser abattre et de ne point imputer à la valeur de l'ennemi un échec causé par le désavantage de la position, persista dans son projet de retraite et fit sortir ses légions du camp.

---

1. — *C. Juli Cœsaris commentari de bello gallico. Lib. VII. Cap. LII, LIII.*

Nous suivons, en général, la traduction d'Artaud revue par F. Lemaistre. (Garnier frères, édit.)

A ce sujet, Camille Jullian fait remarquer ; « Le lendemain de la bataille, César avait fait, à ses soldats, de cruels reproches ; ils les méritaient moins que lui-même. Si, la veille, ils ne s'étaient point arrêtés à temps, n'était-ce pas la faute de leur proconsul, qui n'avait cessé de leur inspirer le désir d'un coup de main ? et s'il avait donné le signal de la retraite, c'était après avoir donné l'élan de l'escalade. »

Donc, *César se décide à battre en retraite.*

Mais battre en retraite de quel côté ?

Sur la Province, en abandonnant à Lutèce son meilleur lieutenant Labiénus qui s'y trouvait avec quatre légions ?

C'eut été, non seulement se couvrir de honte, mais s'exposer à de grands périls à cause de l'obstacle des Cévennes et de la difficulté des chemins (1).

Supposant que les Eduens lui sont toujours fidèles c'est chez eux qu'il pense se rendre (2).

----

1. — *De bel. gal. LVI.*
2. — *Id. LIII.* « *In Æduos castra movit* ».

Il se dirige, donc, vers le Nord, sans être, (heureusement pour lui) poursuivi par Vercingétorix et le troisième jour, il arrive au bord de l'Allier (1),

A cet endroit, le pont ayant été détruit, (2) César le remet en état et fait franchir la rivière à son armée (3).

Jusqu'à présent, pas de difficultés pour suivre César. Aucun doute n'est possible. Nous voyons très bien l'armée romaine sur la rive gauche de l'Allier, gagner le fleuve après deux jours de marche et le traverser le troisième jour.

Où traversa-t-elle cette rivière ?

Dès maintenant nous avons des opinions différentes:

---

1. — *Id. LIII. « Ne tum quidem insecutis hostibus, tertio die ad flumen Elaver....»*

2.— *Comme tous les autres ponts sur l'Allier. César a dit précédemment (XXXIV) « Vercingetorix, omnibus interruptis ejus fluminis (Elaver) pontibus... »*

3. — *De bel. gal. LIII « pontem refecit, atque exercitum transduxit. »*

Camille Jullian suppose que c'est à Moulins (1). Peut-être à Varennes entre Moulins et Vichy (2).

Napoléon III opte pour Vichy.

Cela n'a pas grande importance.

En tout cas l'Allier franchi, *César approchait du pays éduen* et sa première pensée était d'aller, d'abord, à Noviodunum (Nevers) où, avant de marcher sur Gergovie, il avait rassemblé tous les otages de la Gaule, les subsistances, les deniers publics, une grande partie de ses équipages et de ceux de l'armée. Il y avait aussi envoyé, pour les besoins de la guerre beaucoup de chevaux achetés en Italie et en Espagne (3).

Or, à ce moment, César, apprend des jeunes chefs éduens qu'il avait avec lui, Viridomar et Eporedorix, que Litavicus vient de faire défection avec toute sa cavalerie et qu'il

---

1. — *Histoire de la Gaule*, tome III p. 480.
2. — *Vercingetorix*, p. 224.
3. — *De bel. gal. LV*.

tente de soulever leur pays. Ils demandent la permission de devancer le traître, pour maintenir dans leur devoir leurs compatriotes.

Au fond, ces jeunes ambitieux, voyant la fortune changer de camp n'avaient qu'un but : trahir César. C'est ce qu'ils firent.

Là, (1) (à l'endroit où il vient de traverser l'Allier) César apprend des Éduens Viridomar et Eporedorix que Litovicus est parti avec toute sa cavalerie pour soulever leur pays, qu'eux-mêmes avaient besoin de le devancer pour retenir la nation dans le devoir.

Quoique César eut, déjà, plusieurs preuves de la perfidie de ces Éduens, et qu'il vît bien que leur départ hâterait la révolte, il ne jugea pas à propos de les retenir, de peur de les offenser, ou de faire croire qu'il eût la moindre inquiétude.

Il leur rappela, seulement, à leur départ tout ce qu'il avait fait pour les Éduens : dans quel état d'abaissement et de faiblesse ils étaient, lorsqu'il les admit à son alliance : rejetés dans les villes, leurs champs envahis, leurs troupes détruites, eux-mêmes soumis à de honteux tributs et forcés de livrer des otages : que de là il les avaient élevés à un te[l]

---

1. — *Id. LIV, LV, LVI.*

degré de prospérité, que non seulement ils étaient rétablis dans leur premier état, mais même plus puissants qu'au temps de leur plus brillante fortune.

Ces recommandations faites, il les congédia.

Sur les bords de la Loire était Noviodunum ville des Éduens (*Nevers*). Arrivés dans cette place Eporédorix et Viridomar prirent connaissance de l'état du pays. Ils surent que Litavicus avait été bien accueilli des Éduens, à Bibracte, leur principale ville, que Convictolitan et une grande partie du Sénat s'étaient rendus près de lui ; qu'on avait ouvertement envoyé des députés à Vercingétorix, pour faire avec lui un traité de paix et d'alliance.

L'occasion leur parut trop favorable pour la négliger.

Ils massacrent la garde laissée à Noviodunum et tout ce qui s'y trouve de Romains, marchands ou voyageurs, partagent entre eux l'argent et les chevaux, font remettre les ôtages à Bibracte entre les mains du Magistrat.

Ne se croyant pas en état de garder la ville, ils la brûlent, afin qu'elle ne puisse pas servir aux Romains ; ils emportent tout le blé qu'ils peuvent charger sur des bateaux et jettent le reste dans la rivière ou dans le feu.

Ils lèvent, ensuite, des troupes dans les pays voisins, placent des garnisons et des postes, le long de la Loire, et pour inspirer la terreur, font paraître, en tous lieux, leur cavalerie, dans l'espoir de couper les vivres aux Romains et, de les forcer, par la famine, à évacuer le pays.

La circonstance les favorisait : la Loire, alors grossie par la fonte des neiges, ne paraissant guéable en aucun endroit.

César, instruit de ces mouvements, crut devoir hâter sa marche, afin que, dans le cas où il aurait des ponts à construire, il put combattre les ennemis, avant qu'ils eussent assemblé de plus grandes forces.

Il marcha donc jour et nuit..

Il marcha donc jour et nuit : cela est une exagération, de l'avis de tous les traducteurs. Il n'a pas dû, en effet, marcher tellement de jours et tellement de nuits pour aller de l'Allier à la Loire. Mais cette exagération (qui n'a, du reste, rien à voir avec la question finale : celle d'Alésia) est à noter, néanmoins, au passage (1).

-----

1. — *La traduction mot à mot souligne davantage l'exagération de César :* «*Ayant accompli de grands cheminements, pendant des jours et des nuits...* » *Camille Jullian note (Histoire de la Gaule T. III p. 481). Il ne peut s'agir que d'une ou deux longues étapes, la marche entre Allier et Loire ne comportant pas 45 milles* »

et parvint à la Loire au moment où l'on s'y attendait le moins.

Sa cavalerie ayant trouvé un gué assez commode, ou le soldat pouvait avoir les épaules et les bras hors de l'eau pour porter les armes, il la disposa de manière à rompre le courant et l'armée passa tout entière sans que l'ennemi effrayé osât résister.

César trouva, au delà, la campagne couverte de blé et de troupeaux, en fit un ample approvisionnement et se dirigea vers les Sénonais.

Ici, il convient de faire remarquer la traduction d'un partisan d'Alaise, dans le Doubs. (*G. Colomb* : L'Enigme d'Alésia p. 5)

César, comme on vient de le voir, dit textuellement *se dirigea vers les Sénonais.*

Colomb traduit : « Dérobant sa marche aux cavaliers gaulois, qui le surveillent, il (César) arrive, en doublant les étapes, à la Coire, mal gardée, qu'il traverse à gué, sans perdre un seul homme, devant l'ennemi stupéfait de tant d'audace. Poursuivant ensuite sa marche rapide vers le Nord, il arrive chez les Lingons, sans avoir été inquiété et après avoir retrouvé en route les approvisionnements en vivres qui commençaient à lui manquer. »

M. Colomb a mal lu ou a commis là un lapsus énorme.

César dit explicitement qu'il se dirige vers les Sénons.

M. Colomb traduit « poursuivant sa marche rapide vers le Nord, il arrive chez les Lingons...»

Ça ne ressemble guère au texte.

Passons.

Jusqu'à présent, (et elle le sera toujours) la narration de Jules César est lumineuse.

On suit sa marche très facilement depuis Gergovie.

Nous l'avons vu franchir l'Allier.

A Moulins (Camille Jullian) ou à Varennes Camille Jullian encore) ou à Vichy (Napoléon III ...

Il va ensuite de l'Allier à la Loire et passe cette dernière à un gué.

Entre Decize et Nevers... (1)
De préférence à Nevers... (2)
A Bourbon-Lancy,.. (3)

*Nous savons, en tout cas, que César est
actuellement, sur la rive droite de la Loire en
direction de Sens.*

C'est tout ce qu'il nous dit lui-même.

Et aucune autre hypothèse n'est possible.

---

1. — *Camille Jullian (Vercingétorix p. 226).*
2. —   id.   *(Hi toire des Gaules I, III p. 482, note).*
3. — *Napoléon III.*

CHAPITRE II

LA LIAISON DE CÉSAR ET DE LABIÉNUS

Pendant ce temps Labiénus venait d'être vainqueur à Lutèce, où les Gaulois de Camulogène s'étaient fait massacrer jusqu'au dernier.

Lamulogène, le vieux chef respecté, était mort en combattant au milieu de ses troupes (1).

Cette bataille de Paris est, linguistiquement parlant, d'un intérêt essentiel pour Alésia, comme on le verra plus loin car elle nous

---

1. — De bel. gal. *LXII.* : « *Ne eo quidem tempore, quisquam loco cessit, sed circumventi omnes interfectique sunt. Eamdem fortunam tulit Camulogenus.* »

donne très exactement le sens césarien de deux mots latins des Commentaires qui constituent une des grosses questions d'Alésia.

César n'employait pas un mot pour un autre.

J'en prends à témoin Cicéron qui, pourtant, ne l'aimait guère,

Or César dit ceci, à propos de la bataille de Paris (1)

Le corps de troupes qui avait été laissé en face du camp de Labiénus, averti qu'on en était aux mains, vint au secours des autres Gaulois et *occupa une hauteur (collemque ceperunt)* mais ne put soutenir le choc de nos soldats victorieux. Ce fut une fuite générale ; tout ce qui ne put se mettre à couvert dans les bois *et les montagnes (quos non silvæ montesque texerunt)* fut taillé en pièces par notre cavalerie.

------

1. — *De bel. gal. VII. 62 : « At ii, qui præsidio contra castra Labieni erant relicti, quum prælium commissum audissent, subsidio suis ferunt, collemque ceperunt. neque nostrorum militum victorum impetum sustinere potuerunt. Sic cum suis fugientibus permixti. quos non silvæ montesque texerunt ab equitatu sunt interfecti »*

Nous connaissons parfaitement d'autre part, la topographie de Lutèce-Paris. Aucun doute là-dessus.

Quelle est *la hauteur* que César appelle collis? C'est une des hauteurs de Paris.

Vaugirard, dit Camille Jullian. (*Vercingétorix* XIV, 5 p. 228) Montparnasse, le même (*Histoire de la Gaule* III XII, 11 p. 464) ou Vaugirard, encore (Napoléon III) ou Montrouge (de Saulcy).

Voilà des hauteurs bien connues et que César qualifie *colles*, comme il qualifiera celles d'Alésia.

Or Montparnasse, Vaugirard, Montrouge ont 25 mètres de haut (60 mètres d'altitude).

Par contre César appelle *montes* les hauteurs du voisinage c'est-à-dire Clamart et Meudon, dit Camille Jullian

Le *mons* de Clamart a 74 mètres de haut, le *mons* de Meudon 120.

Retenons cela.

Et continuons de suivre les Romains.

Labiénus retourne à Sens où il avait laissé

tous les bagages de son armée. Ensuite il rejoint César avec toutes les troupes, César que nous avons laissé, après avoir franchi la Loire marchant lui-même en direction de Sens. (1)

Ils se rejoignent donc entre Sens et la Loire.

D'après Camille Jullian (Vercingétorix XV, 6, p. 229) cette réunion a lieu presque à la frontière du pays éduen (près d'Auxerre dit-il) et dans son *Histoire de la Gaule* (III, XV. p. 482) « à quelque distance au sud de Sens.

Napoléon III situe la rencontre à Joigny.

Compton à a Roche.

Rossignol à Saint-Florentin.

Creuly à Nevers.

Disons simplement, d'une façon imprécise, ne pouvant rien affirmer de plus : *entre Sens et la Loire.*

---

1. — *De bel. gal. VII, 62 : « Labienus revertitur Agendicum ubi impedimenta totius exercitus relicta erant. Inde cum omnibus copiis ad Cæsarem pervenit. »*

C'est là que nous conduit le texte des *Commentaires*.

Et nulle part ailleurs.

A partir de ce moment César ne dit à aucun endroit de son livre qu'il ait transporté son camp ici ou là, qu'il se soit dirigé au Nord ou au Sud.

Or c'est ce que tous les historiens qui soutiennent telle ou telle Alésia font pour lui.

Ils accumulent hypothèses sur hypothèses de leur cru, au lieu de s'en tenir, simplement, au texte latin.

: « *Il semble bien* (pourquoi ?) que les opérations militaires aient été suspendues un mois environ (?) et que César *ait passé ce temps chez les Rèmes ou plutôt chez les Lingons* (Pure imagination qui ne s'appuie sur rien).

On peut supposer, vu qu'il avait dix légions et plus à nourrir qu'il s'est installé au centre d'un pays, à la fois sûr, bien défendu et fertile, y attendant, si possible, la moisson. *Je songe à Langres...*» (Camille Jullian : *Histoire de la Gaule* III XII, 14 p. 483)

Ce sont, et simplement, des suppositions et des songes qui n'ont pas de base, mais qui sont utiles à un historien qui veut qu'Alésia soit à Alise-Sainte-Reine. Il prend des précautions à l'avance.

« *César a dû*, après sa jonction avec Labiénus, marcher par Auxerre, Tonnerre et Chatillon *il a pu* traverser la montagne par Béneuvre. *Mais je crois* qu'il a fait le détour de Langres.»

Il est vrai que cet historien ajoute aussitôt « Cet itinéraire n'est qu'une hypothèse » (*op. cit* III XII 3 p. 495)

Certes !

Ailleurs, (XII, 14 p. 482) le même historien, après avoir supposé César chez les Lingons dit *:« Peut-être* chez les Leuques. »

Ayant émis, gratuitement toutes ces suppositions comme si elles suffisaient de preuves, Camille Jullian écrit alors froidement : « Les légions s'étaient refaites chez les Lingons ». (*op. cit.* III XII 15 p. 484.).

Et il renvoie comme références... aux hypothèses de lui qu'on a lu plus haut. Mais pas

au moindre texte de César et pour cause Il
n'y en a pas.

Dans son *Vercingétorix*, il affirmera également
(Chap. XIV, I p. 243) : « César avait ré-
trogradé chez ses alliés de la vallée de la Mar-
ne ; réconforté par l'hospitalité des Lingons et
des Rèmes... etc... ».

C'est prendre une grande liberté avec les
textes

Laissons donc, quant à nous, *César* où il est
où il nous a dit lui-même qu'il était : *chez les
Sénons entre Loire et Sens*, où il a trouvé, il
nous l'a dit aussi, des vivres en abondance,
qu'il s'octroie sans remords puisqu'il est en
pays ennemi.

Colomb (*L'enigme d'Alésia*) le fait également se ravitailler chez les Lingons, mais il le
dit tout de go, sans avoir, au préalable, comme Camille Jullian, écrit : « Il semble bien
que... On peut supposer... Je songe... César a
dû... Il a pu... Peut-être... ».

Ces historiens font aller César chez les
Lingons ou les Rèmes ou les Trévires parce
que c'étaient les seuls peuples restés à peu

près fidèles à Rome, ou tout au moins neutres.

Or, en dehors de ce fait que César ne l'a jamais écrit (ce qui est primordial), je ne crois pas que le chef romain ait eu l'idée de razzier un des trois derniers alliés qui lui restaient, de peur de le mécontenter et de le faire s'unir contre lui à tout le reste de la Gaule.

On le verra du reste, plus loin : César évita pour cette raison, le territoire des Lingons.

En tout cas *aucun texte ne nous autorise à le faire aller en une autre région que celle qu'il indique lui-même* entre quelques étapes au nord de la Loire et quelques étapes au sud de Sens, c'est-à dire dans la Nièvre actuelle ou au sud de l'Yonne.

De là, (1) César envoya des émissaires en Germanie pour louer des cavaliers. Ceux-ci arrivent si mal montés qu'il dut leur donner les derniers chevaux qui restaient à l'armée romaine.

----

1. — *De bel, gal. VII. 65.*

Il arriva aussi de Germanie une troupe d'une infanterie légère qui avait l'habitude de combattre au milieu des chevaux et qui était redoutable à la cavalerie.

CHAPITRE III

VERCINGÉTORIX
CHEZ LES ÉDUENS

Nous avons laissé Vercingétorix à Gergovie.

Il convient, maintenant, de suivre sa trace comme nous avons suivi celle de César.

Aussitôt après sa victoire, les Eduens, traîtres aux Romains comme ils l'avaient été aux Gaulois jadis, et sentant la fortune changer de camp, avaient envoyé des deputés au chef arverne « legatos ad Vercingetorigem (VII, 55) » et à tous les peuples de la Gaule.

Crédit (1), autorité, argent, les Eduens mettent tout en

---

1. — *De bel. gal. VII, 63, 64, 66.*

œuvre pour soulever les autres Etats. Maîtres des ôtages que César leur avait confiés ils menacent de les faire périr, pour effrayer ceux qui hésitent.

Ils prient Vercingétorix de venir conférer avec eux, sur les moyens de soutenir la guerre : il y consent.

Les Eduens prétendent que leur soit déféré le commandement en chef. Une discussion s'élève ; une assemblée de toute la Gaule est convoquée a Bibracte ; on s'y rend de toutes parts. La question est soumise aux suffrages de la multitude ; tous, d'une commune voix confirment le choix de Vercingétorix. On ne voit point à cette assemblée les Rémois, les Lingons ni les Trévires ; les deux premières cités restaient fidèles aux Romains ; les Trévires étaient trop éloignés et d'ailleurs, étaient pressés par les Germains ; ce qui fut cause qu'ils ne prirent aucune part à la guerre et gardèrent la neutralité (1).

Les Eduens n'ayant pas obtenu le commandement qu'ils exigeaient déplorent le changement de leur fortune et regrettent les bontés de César ; mais la guerre était commencée et ils n'osent se séparer de la cause commune. Eporédorix et Viridomar, jeunes gens d'une haute espérance.

------

1. — *Je suis bien certain que, si César s'était trouvé, à ce moment-là chez les Lingons ou les Rèmes il l'aurait dit en cet endroit des Commentaires. Il ne dit rien, ne fait aucune allusion.*

nous les avons vu à l'œuvre,

n'obéissent qu'à regret à Vercingétorix.

Cependant, celui-ci exige des ôtages des autres nations et fixe le jour où ils devront lui être remis.

Il demande sur-le-champ quinze mille cavaliers. Pour l'infanterie il se contente de ce qu'il a :

Son dessein n'était pas de s'exposer aux hasards d'une bataille ; avec une cavalerie nombreuse, il lui serait facile de couper les vivres aux Romains et de gêner leurs fourrageurs : quel mauvais génie a pu distraire, par la suite, Vercingétorix de ce plan ?

que, seulement, les Gaulois consentent à détruire leurs récoltes et à incendier leurs demeures et ne voient, dans ces pertes domestiques qu'un sûr moyen d'obtenir à jamais la Liberté et l'Indépendance.

Ces dispositions prises, il demande aux Éduens et aux Ségusiens, voisins de notre Province, dix milles fantassins ; il y ajoute huit cents chevaux, donne le commandement de ses troupes au frère d'Eporédorix et lui en enjoint de porter la guerre chez les Allobroges.

D'un autre côté, il fait marcher les Gabaliens et les plus proches cantons des Arvernes contre les Helviens, et il envoie les Rhutèniens et les Cadurames ravager le pays des Volques Arécomiques.

En même temps il sollicite les Allobroges, par des messages secrets, espérant que les ressentiments de la dernière guerre ne sont pas éteints dans leur cœur.

Il promet de l'argent aux chefs et à la nation la souveraineté de toute la Province.

Durant cet intervalle les Arvernes et la cavalerie levée dans toutes les parties de la Gaule viennent joindre les troupes ennemies.

Vercingétorix est donc à Bibracte, capitale des Eduens, c'est-à-dire au Mont Beuvray, à l'extrémité du Département de Saône-et-Loire actuel, à 20 kilomètres à vol d'oiseau, à l'ouest d'Autun.

CHAPITRE IV

QUUM CÆSAR IN SEQUANOS PER EXTREMOS LINGONUM FINES ITER FACERET

Et voici que Gaulois et Romains vont se mettre en marche.

Reprenons les *Commentaires* à la phrase ou nous nous sommes arrêtés. (1)

Tandis que César se dirigeait vers les Séquanais par l'extrême frontière des Lingons pour porter à la Province un plus facile secours, Vercingétorix, se voyant à la tête de troupes si nombreuses, vint en trois étapes se placer à dix mille pas des Romains.

____

(1). — *De bel. gal. VII, 66.*

Nous avons laissé César, où il nous a dit lui-même qu'il se trouvait, après la retraite de Gergovie, c'est-à-dire à l'endroit où il rejoignit Labiénus, *entre Sens et la Loire*.

Aucun texte ne nous autorise à le faire aller chez les Lingons, alors qu'il dit, lui-même qu'il se dirige vers les Sénons.

Lorsqu'il se remet en marche, il se dirige vers le pays des Séquanes en longeant la frontière sud (1) du pays des Lingons.

Il longeait cette frontière, d'une part par crainte d'entrer en territoire éduen ennemi, et d'autre part, pour ne pas, en entrant sur le territoire des Lingons, l'un des trois derniers alliés ou plutôt l'un des trois seuls peuples gaulois restés neutres dans la guerre, susciter leur colère.

Il suffit donc de rechercher la frontière sud des Lingons.

Où était-elle ?

---

1. — *Il s'agit évidemment de la frontière sud. Plutarque, du reste le précise (Plut. Romains, chap. XXVI.)*

Camille Jullian la situe « au delà de Dijon » (1) c'est-à-dire au sud de l'Ouche.

Or, au sud de l'Ouche, comme frontière naturelle, entre les Lingons et les Eduens (car il faut, n'est-ce pas en admettre une) je ne vois guère que la Dheune qui coule entre de petites montagnes.

César, vient donc de la région nord du département actuel de la Nièvre ou de la région sud du département de l'Yonne. C'est là que nous l'avons laissé sur ses propres indications. Il *se dirige vers la Saône qui sépare les Eduens des Séquanes*, (2) *en longeant l'extrême frontière des Lingons*, du côté de la Province. Il a dû suivre logiquement une ligne que l'on tracera par Saulieu-Arnay-le-Duc-Chagny.

A cet endroit, il était tout près de la Saône qu'il n'avait plus qu'à franchir pour être chez les Séquanes. En suivant cet itinéraire il avait évité les Eduens ennemis et les Lingons alliés sur le territoire desquels il ne voulait pas que ses troupes se livrassent à des déprédations.

---

1 — *Histoire de la Gaule* (*III, XIII, 3 p, 495*).
2 — *De bel, gal, I, 12.*

Cela est en complet accord avec le texte.

Colomb situe cette extrême frontière sud des Lingons à Mantoche. C'est réduire le territoire lingon d'une façon bien exagérée.

Donc, César arrive vers Chagny.

Vercingétorix, qui est à Bribacte, vient, en trois étapes (trinis castris) barrer la route de César.

Le texte concorde merveilleusement encore. En trois étapes : c'est exactement ce qu'il faut pour venir de Bibracte au nord de Chalon-sur-Saône.

César est vers Chagny.

Vercingétorix vers Chalon-sur-Saône.

A 10.000 pas l'un de l'autre (15 kilomètres) c'est la distance exacte qui sépare Chalon de Chagny.

Vercingétorix barre la grande voix romaine (et sans donte gauloise avant qu'elle soit romaine) qui longe la Saône sur la rive gauche dour aller en Province romaine.

Mais César a peut-être encore le temps de franchir la rivière au sud de Verdun-sur-le-Doubs (1).

C'est là que les deux armées vont s'affronter.

Cette thèse est la plus simple. Elle n'ajoute rien à César. Elle ne le fait pas aller ailleurs qu'il le dit lui-même, ni Vercingétorix ailleurs que ne l'indiquent les *Commentaires*.

C'est une raison pour qu'elle soit la bonne.

Il ne nous est pas interdit néanmoins de voir les opinions différentes.

Colomb écrit : *On* (qui ? pas César en tout cas) *admet communément que* Vercingétorix opérait la concentration de ses forces à Cabillonum (Chalon-sur-Saône) (2).

De là en trois rudes étapes il le fait arriver à Mantoche. C'est beaucoup. Mais ce n'est rien

---

1. — *C'est le Verdun du traité de 843 (Of. " Les Origines par Frantz Funck-Brentano page 370) — Nithard le chroniqueur contemporain du traité le dit expressément « Verdun, non loin de Mâcon ».*

2. — *Camille 'Jullian (Vercingétorix p. 247) fait concentrer les troupes gauloises à Alise-Sainte-Reine « La concentration des troupes gauloises, s'était faite. croît-on (?) à Alésia, (Alise-Sainte-Reine en Auxois).*

encore par rapport à la marche qu'il imposera aux deux armées après sa bataille de Mantoche pour les faire arriver à Alaise.

Pour Camille Jullian la bataille qui précède Alésia doit se trouver sur la route :

1·) Langres-Seveux-Besançon. (Itinéraire plus au nord encore que celui de Colomb donc impossible.

2·) Langres-Mirebeau-Pontailler-Dôle : route de la Vingeanne. (Cette route est plus au sud que celle de Colomb.)

3· Langres (ou Chatillon) - Til-Châtel-Dijon-Saint-Jean-de-Losne. (Route plus au sud encore que la précédente).

Camille Jullian ajoute :

« J'ai préféré celle-ci, *la plus méridionale* parce que :

1·) C'est celle qui est le plus proche d'Alésia (lisez Alise-Sainte-Reine) où Vercingétorix arriva le lendemain de la bataille ».

Remarquons, en passant, que pour un historien qui *recherche* Alésia cette raison n'en est pas une, car c'est dire clairement qu'on a déjà son Alésia *choisi d'avance* et par conséquent, c'est mettre la conclusion avant les prémisses).

2·) C'est la plus commode, celle qui traverse le meilleur pays... 3·) cette route *(qui peut mener au Rhône par Saint Jean-de-Losne, Louhans, Bourg et Pont-d'Ain)* (1) permet d'éviter les défilés du Jura *auxquels les autres conduisent*.

4·) Elle permet de traverser le moins possible du pays séquane qui était hostile.

5·) Vercingétorix le jour de sa défaite n'était pas loin des montagnes, puisque César peut à peine poursuivre son infanterie ».

Mais cette route que Camille Jullian préfère à toutes les autres (tout en soutenant la thèse d'Alise-Sainte-Reine) *nous rapproche singulièrement de Chagny. Et nous verrons qu'elle passe exactement par une Alésia, que Camille Jullian ignore et qui n'est pas celle de la Côte d'Or.*

Les autres historiens situent la bataille :

D'Anville entre Tonnerre et Ravières,

---

(1) — *On verra, plus loin, pourquoi je souligne cette phrase de Camille Jullian.*

Du Mesnil, à Perrigny, près Montbard, d'après « un officier supérieur ».

De Coynard et Vialet entre Montbard et Ancy-le-Franc et plus particulièrement à Mouthiers-Saint-Jean.

Goureau à Jully près Ravières.

Rossignol près de Montbard.

Pistollet de Saint-Ferjeux entre Aubérive et Prasley, dans la vallée de l'Aube.

Le duc d'Aumale entre Montigny et Louesme.

Von Gœler à Beneuvre.

Defay et Napoléon III sur la Vingeanne (Camille Jullian en est assez partisan),

Kœchly et Rustow, sur la Tille.

Gouget et Rice Holmes aux abords de Dijon.

Comille Jullian opte pour Hauteville près de Dijon.

Pour nous, le texte de César n'a pu nous conduire qu'au triangle Chagny-Chalon-sur-Saône-Verdun-sur-le-Doubs.

Et il nous y **a** conduit sans avoir besoin d'échafauder de romans, de faire des suppositions, d'élaborer d'hypothèses.

Suivons toujours César, nous verrons bien où il **nous mènera**...

CHAPITRE V

LA BATAILLE DE VERDUN

Pour narrer la bataille, il n'est que de continuer, bien entendu, à lire les *Commentaires*
Cela vaut mieux que toutes les gloses.

[Vercingétorix] (1) convoque les chefs de sa cavalerie : « Le moment de vaincre est venu, leur dit-il, les Romains s'enfuient dans leur Province et abandonnent la Gaule : c'est assez pour la liberté du moment, mais trop peu pour la paix et le repos de l'Avenir : ils reviendront avec de plus grandes forces et la guerre sera sans fin.

Il faut les attaquer dans l'embarras de leur marche.

Si les fantassins s'arrêtent pour soutenir la cavalerie, ils ne pourront achever leur route ; si, comme il le prévoit, ils abandonnent les bagages pour ne songer qu'à leur sûreté

---

1 — *De bel. gal.* VII 66, 67, 68.

ils perdront, à la fois, l'honneur et toutes leurs ressources. Quant à leurs cavaliers, pas un d'eux n'osera s'avancer hors des lignes. Je rangerai, ajouta-t-il, toute l'armée hors du camp, nos troupes auront plus de confiance et les ennemis plus de crainte. »

Alors, tous s'écrient qu'il faut que chacun s'engage, par le plus saint des serments, à ne pas rentrer dans sa maison, à ne plus revoir sa femme, ses enfants, sa famille, s'il n'a traversé deux fois les rangs de l'ennemi

Cet avis est approuvé et tous s'empressent de prêter serment.

Le lendemain, Vercingétorix partage sa cavalerie en trois corps ; deux de ces corps se montrent sur nos ailes ; le troisième se présente de front à l'avant-garde pour lui fermer le passage.

César forme également trois divisions de sa cavalerie et l'envoie contre l'ennemi. Le combat s'engage sur tous les points ; l'armée fait halte ; les bagages sont placés entre les légions Partout où les siens fléchissent ou sont trop vivement pressés César porte de ce côté les enseignes et y fait marcher les cohortes. Cette manœuvre ralentit la poursuite et ranime ses soldats par l'espoir d'un prompt secours. Enfin les Germains gagnent le haut de la colline qui était à droite *en chassent les Gaulois les poursuivent jusqu'à la rivière (usque ad flumen) où Vercingétorix s'était placé avec son infanterie* et en tuent un grand nombre.

A la vue de cette déroute, les autres craignent **d'être** enveloppés et prennent la fuite.

Ce n'est plus alors que carnage : trois Eduens de la plus haute distinction sont pris et amenés à César : Cotus chef de la cavalerie, qui dans la dernière élection avait disputé la souveraine magistrature à Convictolitan ; Cavarillus, qui depuis la défection de Litavicus, commandait l'infanterie ; et Eporedorix que les Eduens avaient eu pour chef dans leur guerre contre les Séquanes, avant l'arrivée de César.

Vercingétorix, voyant toute sa cavalerie en fuite fit rentrer les troupes qu'il avait rangées à la tête du camp et *prit aussitôt le chemin d'Alésia, oppidum des Mandubiens ;* en même temps il ordonne de faire suivre ses bagages.

César, laisse les siens sur un coteau voisin, sous la garde de deux légions, *poursuit l'ennemi tout le jour, lui tue, environ, trois-mille hommes de l'arrière-garde et campe le lendemain devant Alésia.*

Je ne vois pas qu'il y ait lieu de commenter la bataille. Le récit en est assez clair pour tout le monde.

César campe, le lendemain, devant Alésia.

Donc, si César campe le lendemain de la bataille devant Alésia, après avoir livré des combats avec l'arrière-garde gauloise, à la-

quelle il tue 3000 hommes pendant la retraite, *il fallait qu'Alésia fût assez proche du champ de bataille.*

Cette bataille s'est livrée — admettons le — dès le matin, dès la première heure du matin, même, si l'on veut.

César la perd, d'abord.

A ce sujet nous avons le témoignage de Plutarque (1) et celui de Servius qui dit, même, que César fut fait prisonnier. (2)

Servius, ajoute que César avait consigné le fait dans ses *Éphémérides* en s'en félicitant.

Il est possible que cette histoire de Servius soit inauthentique.

Mais le fait de la bataille préalablement perdue, consigné par Plutarque doit être exact.

César a donc perdu, d'abord, la bataille.

Cela représente un certain nombre d'heures.

---

1. *César XXVI.*
2. *Servius*, Commentaires sur Virgile (*Enéide XI, 743*)

Il la gagne, ensuite. Ce qui représente également quelques heures.

Après quoi Vercingétorix a encore le temps de rassembler ses troupes, de passer l'eau (*fugientes ad flumen*) et de battre en retraite (**non** de fuir ; en continuant à livrer bataille, puisqu'il perd au témoignage de César, 3000 hommes, dans cette retraite, et il arrive le soir même de cette journée (ou tout au moins pendant la nuit) à Alésia, devant laquelle César campe le lendemain.

Tels sont les textes.

Combien de kilomètres cela représente-t-il ?

Je ne crois pas. — et ici, je fais appel aux compétences militaires, — qu'après une aussi terrible bataille et tout en continuant à combattre pendant la retraite, on puisse jusqu'à la nuit faire, au maximun, plus de 2o ou 3o kilomètres...

C'est déjà énorme !

Colomb, depuis la bataille de Mautoche, en fait faire 6o *à vol d'oiseau* et fait, de plus, franchir, entre temps, le Doubs !...

Camille Jullian 42 à vol d'oiseau, également.

C'est beaucoup, encore, après une semblable journée.

Nous verrons, du reste, qu'il est absolument inadmissible de situer la véritable Alésia à Alise-Sainte-Reine et cela pour beaucoup d'autres raisons.

Vercingétorix, adossé au fleuve où se précipitent les fuyards (*fugientes ad flumen*) le franchit. (*Remarquons qu'à cet endroit il y a quantité d'îlots qui permettent assez facilement à une armée de traverser le fleuve*) et il se dirige vers Alésia, oppidum des Mandubiens.

Or, faut-il, qu'il y ait là une Alésia et des Mandubiens...

Qu'est-ce que les Mandubiens ?

C'est la première fois qu'on en parle...

César n'en a jamais parlé jusqu'alors, même lorsqu'il dénombre les multiples peuples de la Gaule...

Il fallait donc, pour qu'il les passe sous silence jusque là, que ce fût une insignifiante peuplade (au moins militairement parlant).

En tout cas, cette insignifiante peuplade a

un nom, latinisé par César, qui nous en indique, au moins l'habitat.

Il est assez probable que le mot *Mandubiens*, étymologiquement, signifie « habitants des rives du Doubs ».

Il faut donc :

1·) Qu'Alésia soit près du Doubs.

2·) A 20 ou 30 kilométres, au maximun du champ de bataille.

Or, Alise-Sainte-Reine en est, à vol d'oiseau à 80 kilométres, Alaise à 76, Izernore, dans l'Ain, à 170...

Alise-Sainte-Reine ne saurait, *étant dans le bassin de la Seine,* prétendre qu'elle est chez les Mandubiens. Et cela est une des plus graves questions. Quel est l'historien, soutenant la thèse d'Alise-Sainte-Reine qui ait jamais parlé des Mandubiens ?

Aucun... Et pour cause. Cela est trop embarrassant.

Or, César dit nettement :

Alésia qui est un oppidum

ou *l'oppidum*, comme on voudra (il n'y en

avait, peut-être, qu'un seul)

des Mandubiens...

Alaise pourrait prétendre à ce titre d'oppidum des Mandubiens, *à première vue*, mais étant en plein pays Séquane qu'arrose de bout en bout le Doubs, il était inutile de désigner *une peuplade* séquanaise, située au milieu des autres, de mandubienne, puisque toutes l'étaient...

Il faut donc que ce soit un très petit peuple, à la frontière de la Séquanie, dont le nom indique, par là, que ses habitants sont *encore* des riverains du Doubs. (1)

Or, à 20 kilomètres du champ de bataille, sur la rive gauche de la Saône, et à 8 kilomètres du Doubs, nous avons une Alésia qui se nomme Aloise et qui se trouve exactement sur

------

1. *C'est le sens qu'on donne, encore, en topographie aux villes et villages dits en-tel-pays pour indiquer qu'ils y sont encore, bien que sur la frontière.*

Exemple : Pour la Bresse « Bourg-en-Bresse, parce que, aussitôt après ce sont les Dombes et non plus la Bresse ; Beaurepaire-en-Bresse parce qu'au delà c'est le Jura, la Franche-Comté : Pierre et Mouthiers en Bresse parce qu'ils sont sur l'extrême frontière nord de la Bresse, etc... etc...

la route que Camille Jullian reconnaît comme la meilleure pour aller de Saint-Jean-de-Losne en Province romaine par Louhans, Bourg et Pont-d'Ain.

Cette route passait, probablement, par le *Pons Dubis* de la carte de Peutinger. (Le Pontoux actuel. au nord d'Aloise.)

En tout cas, tracez une ligne reliant Saint-Jean-de-Losne à Louhans.

Cette Alésia est strictement sur la ligne.

C'est au nord de Louhans, commune de la Chapelle-Saint-Sauveur.

CHAPITRE VI

ALÉSIA

« *Cet oppidum d'Alésia était situé au-dessus d'une colline (néanmoins) ce lieu parut SUFFI-SAMMENT élevé pour qu'il semblât qu'on ne pût le prendre sans un siège* » *(1)*

Voilà la phrase qui décrit Alésia et c'est celle qui, a toujours, été le plus mal traduite par tous les traducteurs, volontairement ou non.

Colomb traduit : « au sommet d'une colline en un lieu tellement élevé que... »

D'Artaud « au sommet d'une *montagne* dans

____

1. De bel. gal. VII. 69. « *Ipsum erat oppidum in colle summo, ADMODUM edito loco, ut, nisi obsidione expugnari non posse videretur.* »

une position très élevée ».

Camille Jullian semble traduire de la même façon quand il dit : « Cesar exagère un peu la hauteur d'Alésia... » (1)

Du reste, cet historien ne décrit Alésia que d'après Alise-Sainte-Reine « La ville qui occupait tout le sommet de *la montagne...*» (2) et « un lieu fort élevé »... « une colline fort haute » (3)

Au sujet de cette traduction de Jullian, Colomb remarque très justement :

« Comment la nécessité où il se trouve d'appliquer au mont Auxois le texte des Commentaires, lorsqu'il veut prendre César en flagrant délit d'imprécision n'a-t-elle pas frappé M. Jullian ?

« Sachant que César est précis partout ailleurs comment M. Jullian ne voit-il pas que ses restrictions, toutes relatives au texte concernant

1. *Histoire de la Gaule (III, XIII, 6, p. 508 n. 4).*
2. *Vercingétorix (XVII, 1 p. 259)*
3. Id. (*p. 286*)

Alésia condamnent son interprétation et celle de tous les commentateurs qui prétendent identifier le site du Mont-Auxois avec celui d'Alésia ? »

Perrot d'Ablancourt traduit « sur le faîte d'une haute *montagne* ».

Tous ces traducteurs, qui sont pourtant de bons latinistes, sont tellement obnubilés par une Alésia préconçue qu'ils en perdent leur latin.

Or, je fais appel, ici, à tous les professeurs de sixième non seulement de France mais du monde entier et, même, simplement, à leurs élèves, pour traduire cette phrase exactement sans parti pris.

Ipsum oppidum erat	*Cet oppidum était*	in summo colle	*au sommet d'une colline*

Collis, en latin, indique, il me semble un lieu de peu d'élévation. Si l'on traduit par *une colline tellement élevée,* cela jure ; c'est une contradiction, un non sens. Ce n'est plus une colline : c'est au moins, une montagne et César savait que montagne se dit *mons* en latin.

Collis veut dire : tertre, élévation, ondulation de terrain, colline.

Si Alésia avait été sur une montagne, César l'aurait dit, d'autant plus qu'il tenait à ne pas rabaisser la valeur de sa grande victoire sur les Gaulois.

S'il emploie le mot *collis* c'est que, véritablement, il ne pouvait pas employer le mot *mons.*

Ce devait donc être d'infimes élévations de terrain.

Nous avons, du reste, une comparaison tirée de César.

Je l'ai soulignée.

A la bataille de Lutèce, entre Camulogène et Labiénus, *collis* c'est Montparnasse (25 mètres) ou Montrouge ; *mons* ce sont les hauteurs de Clamart et de Saint-Cloud (74 et 120 mètres).

Voilà un gabarit précis

Les auteurs latins appellent gravement les hauteurs de Rome montes.

Le mont Aventin qui a 40 mètres.

Le mont Capitolin qui a 40 à 41 mètres.

Le mont Cœluis qui a 44 mètres 1/2.

Le mont Esquilin qui a de 40 à 51 mètres.

Le mont Palatin qui a 45 mètres 1/2.

Le mont Quirinal qui a de 41 mètres 1/2 à 48.

Le mont Vatican qui a 24 mètres 1/2.

Le mont Viminal qui a 45 mètres 1/2.

La hauteur où se trouve la citadelle de Besançon est qualifiée par César de « mons magna altitudine ». Or elle a 125 mètres au-dessus du niveau du Doubs !

Si César a baptisé COLLIS la hauteur où se trouvait se misérable oppidum, oppidum des Mandubiens, peuplade tellement négligeable, qu'il ne l'a jamais citée encore, *c'est que vraiment c'était bien une collis : un tertre, une taupinière !*

Mais :

loco	un lieu
edito	élevé
admodum	tellement
ut...	que...

Pardon ! s'il s'agit d'une montagne, on peut traduire *admodum* par *tellement* ; mais *admodum* ne veut pas dire que *tellement*. S'il s'agit

d'une hauteur infime *admodum* veut dire *suffisamment :*

loco	lieu (pourtant)
edito	élevé
admodum	suffisamment
ut...	pour que

C'est presque une excuse...

Ce n'était rien comme élévation, mais, malgré ce peu de hauteur, César jugea que c'était
suffisant pour l'obliger à en faire le siège.

Et cela se comprend.

*Vercingétorix y était acculé. Mais son armée
était imposante,* et c'était une occasion inespé-
rée de le prendre, en organisant un siège, le
plus savant possible, rendu plus facile justement à cause du peu d'élévation des terrains.

*Des terrains tellement peu élevés que les Gau-
lois sont obligés d'y établir, en toute hâte, des
remparts pour corriger ce défaut du site.*

De deux côtés deux rivières coulaient au pied de cette
collis.

Aucune difficulté d'interprétation.

En avant de la place.

c'est-à-dire à l'ouest par où sont arrivées les troupes, venant de la Saône, du champ de bataille,

s'étendait une plaine d'environ trois mille pas de longueur. De tous les autres côtés l'oppidum était entouré par des *colles* séparées l'une de l'autre par un espace minime et d'une égale hauteur. (1)

Telle est la description d'Alésia par Jules César.

Aloise est située sur un plateau compris entre deux vallons et d'une altitude de 210 à 220 mètres. Les deux *flumina* indiqués par César sont : au nord, celui de la Ranche et, au sud, celui de la Reure, qui tous deux coulent de l'Est à l'Ouest à une distance d'environ trois kilomètres l'un de l'autre et se rendent dans la Guyotte en formant plusieurs étangs considérables (Etangs de la Ranche, des Vernes, de Taperey, de la Reure et d'En Haut).

A l'est un petit vallon sépare Aloise de la Chapelle-Saint-Sauveur.

---

1. — *De bel. gal* VII, 69 : « *Cujus collis radices duo duabus ex partibus.*

A l'ouest d'Aloise s'étend, en bas du plateau entre les hameaux des Buissons et des Vaux une plaine de 3ooo pas environ entrecoupée d'ondulations de terrain.

Des collines peu élevées : au Nord les Parays. les Buissons ; au sud, la Motte. entourent Aloise.

C'est exactement ce que décrit César...

CHAPITRE VII

LE SIÈGE

Continuons à suivre le texte de César, car César seul raconte le siège.

César, (1) recoannut la situation de la place, exhorta les soldats au travail et fit ouvrir les lignes de circonvallation...

La ligne de circonvallation formée par les Romains avait à peu près onze mille pas de circuit,

seize kilomètres : c'est ce qu'il faut pour pouvoir entourer le système d'Aloise

les camps étaient placés en de bons emplacements (opportunis locis) ...

César ne parle même pas des hauteurs tellement elles sont insignifiantes « Opportunis locis » dit-il simplement.

---

1. *De bel. gal. VII. 68 à 90.*

Pour les défenseurs d'Alise : sur la *montagne de Flavigny*, sur celle de Bussy et au flanc du mont Réa.

Pour les défenseurs d'Alaise, au Peu, à Myon, Echay, Lizine, Refranche etc...

Pour nous *à la Motte, Les Vaux, En Haut, La Boucharde, Les Parays, Le Buisson, Les Vernes-Guyotte, la Crochère*.

On y éleva 23 redoutes. Là, des postes étaient placés pendant le jour, pour empêcher toute attaque subite ; de fortes garnisons et des sentinelles veillaient toute la nuit.

Pendant les travaux, il y eut un combat de cavalerie dans cette plaine entrecoupée de *colles* et de 3000 pas de long, comme nous l'avons dit.

Pour les Alisiens : la plaine des Laumes, qui non seulement a plus de 3ooo pas de long mais qui est interminable (Colomb).

Pour les Alisiens : la plaine de Myon.

Pour nous *la plaine de Mirebelle qui a trois mille pas environ et qui est coupée de renflements de terrain*.

L'engagement fut très vif de part et d'autre.
Les nôtres

(c'est César qui parle)

commençaient à souffrir quand César envoya les Germains et mit les légions en bataille hors du camp, pour réprimer toute tentative de l'infanterie gauloise.

La vue de ces auxiliaires anima les nôtres : les ennemis prennent la fuite, s'embarrassent par leur nombre et s'entassent aux portes étroites qui leur restent.

Les Germains les poursuivent jusqu'à leurs retranchements ; on en fait un grand carnage.

Plusieurs abandonnant leurs chevaux essaient de traverser le fossé et de franchir le mur.

César fait avancer un peu les légions qu'il avait placées à la tête du camp : ceux mêmes d'entre les Gaulois qui étaient derrière les retranchements s'effraient et croyant qu'on vient à eux, ils crient « Aux Armes ! » ; quelques-uns, effrayés, se jettent dans l'oppidum.

Vercingétorix fait fermer les portes, de peur que le camp ne soit abandonné Les Germains se retirèrent après avoir tué beaucoup de monde et pris un grand nombre de chevaux.

Vercingétorix résolut de renvoyer, pendant la nuit, toute sa cavalerie, avant que les Romains eussent achevé leur circonvallation.

Il recommande à ceux qui partent d'aller chacun dans leur pays et d'enrôler tout ce qui est en âge de porter les armes ; il leur rappelle les services qu'il leur a rendus ; il les conjure de veiller à sa sûreté et de ne point laisser à la merci de cruels ennemis un homme qui a bien mérité de la liberté commune ; leur négligence entraînerait avec sa perte celle de 80000 hommes d'élite ; le calcul a été fait : il n'a de vivres que pour trente jours ; il pourra en les ménageant tenir quelques instants de plus.

Après ces instructions, il fait partir sa cavalerie en silence à la seconde veille, par l'intervalle que nos lignes laissaient encore.

Il se fait apporter tout le blé qui se trouve dans l'oppidum et décrète la peine de mort contre ceux qui n'obéiront pas

Il distribue par tête le nombreux bétail dont les Mandubiens étaient pourvus ; il mesure le grain et n'en donne que par petites quantités.

Il fait rentrer toutes les troupes qui campaient devant l'oppidum. C'est ainsi qu'il se prépare à attendre les secours de la Gaule et à soutenir la guerre.

César, instruit de ces dispositions par les prisonniers et les transfuges règle, de la manière suivante, son plan de fortification.

Il fait creuser un fossé large de vingt pieds dont les deux côtés sont à pic, et dont les bords extérieurs sont aussi éloignés que les bords inférieurs.

A quatre cents pieds, en arrière de ce fossé, il établit le reste de ses retranchements.

Il laissait cette distance afin que les ennemis ne pussent point, pendant la nuit, attaquer à l'improviste les ouvrages ni lancer tous les jours une grêle de traits sur les travailleurs ; car on avait été obligé d'embrasser une si grande circonférence que les troupes romaines n'auraient pu, aisément, en garnir tous les points.

Dans cet espace César fit ouvrir deux fossés de quinze pieds de large sur quinze pieds de profondeur.

(Les partisans d'Alise traduisent cette phrase d'autre manière, pour les besoins de leur cause.

Celui qui était intérieur creusé dans des jardins et dans un terrain bas fut rempli d'eau dérivée de la rivière.

Derrière ces fossés il éleva une terrasse et un rempart de douze pieds de haut, il y ajouta un parapet et des créneaux et, à la jonction du parapet et du rempart, une palissade de grosses pièces de bois fourchues pour en rendre l'abord difficile.

Le tout était flanqué de tours placées à quatre-vingts pieds l'une de l'autre.

Il fallait, à la fois, aller chercher du bois, pourvoir aux vivres, travailler aux fortifications, ce qui diminuait nos forces en les éloignant du camp. Souvent encore les Gaulois essayaient d'attaquer nos ouvrages et faisaient de vives sorties par plusieurs portes.

César jugea nécessaire d'ajouter quelque chose aux fortifications pour qu'une force moindre suffît à les défendre.

On prit des troncs d'arbres ou des branches suffisamment fortes ; on les dépouilla de leur écorce et on les aiguisa par le sommet.

On creusa une longue tranchée de cinq pieds de profondeur où ces pieux furent enfoncés et solidement attachés par le pied de manière à ne pouvoir être arrachés Il y en avait cinq rangs liés ensemble et entrelacés : quiconque s'y était engagé s'embarrassait dans leurs pointes aiguës. Les soldats leur donnaient le nom de *ceps*.

Au devant étaient des puits de trois pieds de profondeur disposés obliquement en quinconce et qui se rétrécissaît peu à peu jusqu'au bas. On y faisait entrer des pieux ronds de la grosseur de la cuisse, durcis au feu et aiguisés à l'extrémité qui ne sortaient de terre que de quatre doigts ; on les affermissait au pied en foulant fortement la terre, le reste était recouvert de ronces et de brousailles, afin de cacher le piége Il y avait huit rangs de cette espéce à trois pieds de distance l'un de l'autre ; on les nommait des *lys*, à cause de leur ressemblance avec cette fleur.

En avant encore étaient fichées en terre des chausses-trapes d'un pied de long, armées de pointes de fer ; on en mit partout et à de faibles distances, on les appellait des *aiguillons*.

Ce travail fini, César fit tirer dans le terrain le plus uni qu'il put trouver et dans un circuit de quatorze mille pas, une contrevallation du même genre mais du côté opposé, contre les attaques du dehors ; afin que si la cavalerie envoyée par Vercingétorix ramenait avec elle de nombreux secours, la foule même des ennemis ne pût investir les retranchements Voulant encore épargner à ses soldats le danger de sortir du camp, il ordonna que chacun se pourvut de vivres et de fourrages pour trente jours.

Pendant que ces choses se passaient devant Alésia les principaux de la Gaule avaient résolu, dans une Assemblée générale, d'appeler aux armes, non pas, comme le voulait Vercingétorix, tous ceux qui étaient en état de les porter, mais d'exiger de chaque peuple un certain nombre d'hommes : ils craignaient, dans la confusion d'une si grande multitude de ne pouvoir aisément ni la gouverner, ni se reconnaître, ni se nourrir

Les Eduens avec leurs clients : les Ségusiens, les Ambivarètes, les Aulerques Brannovikes, les Blannoviens, durent fournir 35.000 hommes ; les Arvernes avec les peuples de leur dépendance comme les Eleutères Cadurques. les Gabales les Vélauniens un pareil nombre ; les Sénonais, les Séquaniens, les Bituriges, les Santons, les Ruténiens les Carnutes, 12.000 ; les Bellovaques 10.000 ; les Lémovices autant les Pictons, les Turons, les Parisiens, les Helviens 8.000 ; les Suessions, les Amblaniens, les Médiomatriciens, les Pétrocoriens, les Verviens, les Morins, les Nitiobriges 5.000 ; les Aulerques Cénomans, autant, les Atrebates, 4.000 ; les Bajocasses, les Lexoviens, les Anlerques Eburovices, 3.000 ; les Rauraques et les Boïens 3.000 : enfin les pays situés le

long de l'Océan et que les Gaulois appellent Armoriques parmi lesquels sont les Curiosolites, les Rhédons, les Ambibares,
les Calétes, les Osismiens, les Lémovices, les Venétes et les
Unelliens devaient fournir 6.000 hommes.

Les Bellovaques refusèrent leur contingent et dirent qu'ils
voulaient faire la guerre en leur nom et à leur gré, sans
obéir à personne. Cependant à la prière de Commius leur al-
lié ils envoyèrent 2.000 hommes.

C'était ce même Commius qui, peu d'années auparavant
avait servi utilement César dans la guerre de Bretagne, et
César, ea reconnaissance de ses services avait affranchi sa nation de tout tribut lui avait rendu ses priviléges et ses droits
et même lui avait donné le territoire des **Morins**. Mais tel
fut alors l'empressement universel des Gaulois pour recouvrer
leur liberté et la gloire antique de leurs armes que tout sen-
timent de reconnaissance et d'amitié disparut de leur souvenir.

Nul sacrifice ne coûta à leur zéle : huit mille cavaliers et
environ deux cent quarante mille fantassins avaient été ras-
semblés.

Toutes ces troupes furent passées en revue sur les frontiéres
des Eduens : on en fit le dénombrement et l'on nomma des
chefs.

Le commandement général fut donné à l'Atrébate Commius,
aux Eduens Viridomare et Eporédorix et à l'Arverne Vergasillaune, cousin de Vercingétorix.

On choisit dans chaque cité un conseil pour diriger la

guerre.

Tous partent vers Alésia pleins d'ardeur et de confiance : aucun ne croyait qu'il fût possible aux Romains de soutenir seulement l'aspect d'une si grande multitude, surtout dans ce double combat où ils seraient pressés de toutes parts, d'un côté par les sorties des assiégés, de l'autre par une infanterie et une cavalerie si nombreuses.

Cependant, les Gaulois enfermés dans Alésia voyant que le jour où ils attendaient du secours étaient expiré et qu'ils avaient consommé tous leurs vivres, ignorant d'ailleurs ce qui se passait chez les Eduens, convoquèrent un conseil pour délibérer sur leur situation.

Les avis furent partagés, les uns parlaient de se rendre, d'autres conseillaient de faire une sortie, tandis qu'il leur restait encore assez de forces.

Le discours de Critognat mérite d'être rapporté à cause de son effrayante et singulière atrocité. C'était un Arverne distingué par sa naissance et par son crédit :

« Je ne parlerai point, dit-il, de l'opinion de ceux qui donnent le nom de capitulation au plus honteux esclavage, ils ne méritent point d'être comptés parmi les citoyens ni admis à ce conseil.

Je m'adresse à ceux qui proposent une sortie et dont l'avis, comme vous le reconnaissez tous conserve, au moins, la trace de notre ancienne valeur.

N'y a-t-il pas plus de faiblesse que de courage à ne pouvoir supporter quelques instants de disette ?

N'est-il pas moins rare d'affronter la mort que de savoir endurer la douleur ? Et encore, je me rendrais à cet avis, tant l'honneur a d'empire sur moi si je n'y voyais de péril que pour nous-mêmes ; mais dans notre résolution il faut envisager la Gaule tout entière que nous avons appelée à notre défense.

Lorsque 80.000 hommes, auront péri dans cet endroit, quel sera, pensez-vous le courage de nos parents et de nos proches s'ils sont forcés de combattre presque sur nos cadavres ?

Ne privez point de votre secours ceux qui s'oublient eux-mêmes pour nous sauver la vie ; n'allez point par imprudence par témérité ou par faiblesse perdre toute la Gaule et la livrer à une éternelle servitude.

Quoi ! parce qu'ils ne sont pas arrivés au jour fixe vous douteriez de leur foi et de leur constance !

Pensez-vous donc que les Romains travaillent chaque jour sans de bonnes raisons, à de nouveaux retranchements ?

Si les messages des Gaulois ne peuvent se faire jour jusqu'à vous, croyez-en, pour témoignage de leur approche, ces travaux assidus des Romains épouvantés.

Quel est donc mon avis ?

De faire ce qui firent nos ancêtres dans la guerre bien moins dangereuse des Cimbres et des Teutons.

Renfermés dans leurs places, également pressés par la disette, ils soutinrent leur existence avec les corps de ceux que leur âge rendait inutiles à la guerre et ils ne se rendirent point.

Si cet exemple nous manquait, il nous faudrait, en faveur de la Liberté le donner et le transmettre à nos descendants.

Jamais guerre ressembla-t-elle à celle-ci ?

Les Cimbres, au moins, quand ils eurent ravagé la Gaule et désolé notre contrée, s'éloignèrent enfin de nos frontières et cherchèrent d'autres pays ; ils nous laissèrent nos droits, nos lois, nos champs, notre liberté.

Mais les Romains que demandent-ils, que veulent-ils ?

Jaloux de tous ceux qui se distinguent par leur puissance ou par leurs armes, ils ne songent qu'à s'établir sur leurs terres et dans leurs villes, à leur imposer un joug éternel : ils ne connaissent point d'autres traités.

Si vous ignorez le sort des nations lointaines, regardez près de vous : voyez cette partie de la Gaule qu'ils ont réduite en Province : elle a perdu ses lois, ses coutumes, soumise aux haches romaines, elle gémit dans une servitude qui ne finira point. »

Les avis étant recueillis, il fut décidé que tous ceux que leur faiblesse ou leur âge rendaient inutiles à la défense sortiraient de la place et que l'on tenterait tout avant de suivre l'avis de Critognat ; mais qu'on s'y résoudrait s'il le fallait et si les secours tardaient trop, plutôt que de se rendre ou d'accepter la paix.

Les Mandubiens qui les avaient reçus dans leurs murs sont forcés d'en sortir avec leurs femmes et leurs enfants : alors s'approchant du camp romain ils imploraient avec prières et avec larmes l'esclavage et du pain.

César mit des gardes sur le rempart et défendit qu'on les reçût.

Cependant Commius et les autres chefs arrivent devant Alésia avec toutes leurs troupes et se portent sur la colline extérieure (*colle exteriore*) à mille pas de distance des retranchements.

Le lendemain ils font sortir leur cavalerie en couvrent cette plaine de 3.000 pas de longueur, dont nous avons parlé plus haut et ils cachent leur infanterie à peu de distance sur les hauteurs.

Remarquez qu'ici César n'emploie même plus le mot *collis*. Il dit « *locis superioribus* ».

Des murs d'Alésia on découvrait la campagne.

Cette phrase, aussi semble bien indiquer le peu de hauteur du système d'Alésia. Car si Alésia avait été haut perchée cette réflexion serait une vérité de Monsieur de La Palice.

A la vue de ce secours, on s'empresse, on se félicite, on se livre à la joie.

Les assiégés déploient leurs troupes, se rangent en avant de la place, comblent le premier fossé de claies et de fascines et se préparent à l'attaque et à tout événement.

César distribua a l'armée entière sur les deux lignes de retranchements afin qu'au besoin chacun connût le poste qu'il devait occuper puis il fit sortir sa cavalerie et ordonna d'engager le combat.

Du haut des hauteurs où les camps étaient placés la vue s'étendait sur la plaine et chacun d'un œil inquiet attendait le résultat.

Les Gaulois avaient mêlé à leur cavalerie un petit nombre d'archers et de soldats armés à la légère, pour la soutenir si elle pliait et arrêter le choc de la nôtre. Plusieurs de nos cavaliers surpris par ces fantassins, furent blessés et contraints de quitter la mêlée.

Les Gaulois nous voyant pressés par le nombre se crurent vainqueurs ; tous, au dedans, au dehors poussent des cris et des hurlements,

Ululatus, ne serait-ce pas encore le fameux *huchement* qu'on n'entend plus que dans cette région de France : la Bresse ?

pour encourager leurs combattants. Comme l'action se passait en présence de tous, nul trait de courage ou de lâcheté ne pouvait être inconnu ; de part et d'autre chacun était excité par la crainte de la honte et le désir de la gloire.

On avait combattu depuis midi jusqu'au coucher du soleil, sans que la victoire fût encore décidée : les Germains se réunissant en escadrons serrés coururent alors sur l'ennemi et le repoussèrent ; les archers se trouvant seuls furent enveloppés et taillés en pièces.

De tous côtés les Romains poursuivirent les fuyards sans leur donner le temps de se rallier.

Les assiégés qui étaient sortis d'Alésia y rentrent consternés et désespérant presque de la victoire.

Un jour entier se passa ; les Gaulois employèrent ce temps à faire une grande quantité de claies, d'échelles et de harpons.

Vers le milieu de la nuit, ils sortirent de leur camp en silence et s'approchèrent des retranchements du côté de la plaine. Puis, poussant des cris pour avertir les assiégés de leur approche, ils jettent leurs claies, attaquent le rempart à coups de fronde, de flèches, de pierres et disposent tout pour un assaut.

En même temps Vercingétorix, entendant les cris du dehors, donne le signal avec la trompette et fait sortir les siens de la place.

Les soldats romains prennent sur le rempart les postes qui leur avaient été assignés les jours précédents ; des frondes,

des dards, des balles de plomb avaient été préparées d'avance ; leurs coups redoublés étonnent les ennemis.

La nuit empêche de se voir ; il y eut de part et d'autre beaucoup de blessés ; les machines lancèrent une foule de traits.

Les lieutenants M Antoine et C. Trébonius à qui la défense de ces quartiers était échue tirèrent quelques troupes des forts éloignés pour secourir les points où les Romains étaient trop vivement pressés.

Tant que les Gaulois ne se battirent que de loin ils nous incommodèrent par la grande quantité de leurs traits ; mais quand ils s'approchèrent davantage les uns s'embarrassèrent dans les chausses-trapes, les autres se transperçèrent en tombant dans les fossés ou furent écrasés par les traits lancés du rempart et du haut des tours.

Après avoir perdu beaucoup de monde sans être parvenus à entamer nos retranchements, voyant le jour approcher, ils craignirent d'être pris en flanc par les troupes placées sur les hauteurs (*ex superioribus castris*) et se retirèrent.

Cependant les assiégés mettent en usage tout ce qu'ils avaient préparé pour l'attaque et comblent les premiers fossés.

Ce travail les ayant retenu longtemps, ils s'aperçurent de la retraite des leurs, avant d'avoir pu s'approcher du retranchement.

Ils rentrèrent dans l'oppidum sans avoir réussi.

Repoussés deux fois, avec grande perte, les Gaulois délibèrent sur ce qu'ils doivent faire. Ils consultent les gens qui connaissent le pays et apprennent ainsi la situation de nos forts **supérieurs** (*superiorum castrorum situs*) et leur guerre de défense.

Au nord était une collis qu'on n'avait pu comprendre dans les lignes à cause de son étendue, on avait été obligé d'établir le camp sur un terrain en pente douce (*leniter declivi*) et une position assez désavantageuse.

Les lieutenants C. Autistius Reginus et C. Caninius Rebilus y commandaient avec deux légions.

Les chefs ennemis ayant fait reconnaître les lieux par leurs éclaireurs, choisirent 60.000 hommes parmi les nations les plus renommées par leur valeur. Ils règlent secrètement entre eux le plan de l'attaque et en fixent le moment à midi.

Vergasillaune, Arverne, l'un des quatre chefs et parent de Vercingétorix est mis à la tête de ces troupes.

Il sortit du camp à la première veille-et arriva un peu avant le point du jour.

Il se dissimula derrière un mont et fit reposer ses soldats des fatigues de la nuit.

Vers midi il se dirigea vers cette partie du camp dont nous venons de parler ; en même temps la cavalerie s'approche des retranchements de la plaine et le reste des troupes gauloises se range en bataille devant le camp.

Du haut de la citadelle d'Alésia Vercingétorix les aperçoit.

Il sort de l'oppidum et emporte du camp ses longues perches, ses galeries couvertes, ses faux et tout ce qu'il avait préparé pour l'attaque.

Un vif combat s'engage, à la fois, de toutes parts ; partout les forces se déploient ; un endroit paraît-il faible, on s'empresse d'y porter secours.

L'étendue des fortifications empêche les Romains de faire face sur tous les points.

Les cris qui s'élevaient derrière eux contribuaient à leur inspirer des craintes quand ils songeaient que leur sûreté dépendait de la valeur d'autrui : souvent le danger éloigné est celui qui effraie le plus.

César qui avait choisi un poste d'où sa vue embrassait toute l'action, envoyait des secours où ils étaient nécessaire.

Des deux côtés on comprend que le jour des suprêmes efforts est arrivé.

Les Gaulois se croient perdus s'ils ne forcent nos retranchements ; les Romains voient dans la victoire le terme de leurs travaux.

C'est surtout aux retranchements supérieurs attaqués par Vergasillaune que l'action est la plus vive.

L'étroite sommité qui dominait la pente était d'une grande importance.

Les Gaulois lancent des traits sur les Romains d'autres font la tortue et arrivent au pied du rempart, des troupes fraîches relèvent sans cesse les soldats fatigués.

La terre que les Gaulois jettent dans les retranchements leur donne la facilité de les franchir et comble les piéges creusés par les Romains ; déjà les armes et les forces commencent à manquer à ceux-ci.

César informé de ce qui se passe, détache Labiénus avec six cohortes et lui ordonne, s'il ne peut soutenir l'effort de l'ennemi de retirer les cohortes et de faire une sortie, mais seulement à la dernière extrémité.

Il va lui-même encourager les autres. Il les exhorte à ne pas succomber à la fatigue ; il leur expose que tout le fruit des combats précédents dépend de ce jour, de cette heure.

Les assiégés désespérant de forcer les retranchements de la plaine, à cause de leur étendue, tentent d'escalader les hauteurs.

Ils y dirigent tous leurs moyens d'attaque : ils chassent par une grêle de traits ceux qui combattaient du haut des tours ; ils comblent les fossés de terre et de fascines se fraient un passage et avec des faux entament le rempart et le parapet.

César y envoie d'abord le jeune Brutus avec six cohortes, puis le lieutenant C. Fabius avec sept autres ; enfin l'action devenant plus vive, il s'y rend lui-même avec des troupes fraîches.

Le combat rétabli et les ennemis repoussés, il se dirige vers l'endroit, où il avait envoyé Labiénus, tire quatre cohortes du fortin le plus voisin, ordonne à une partie de la cavalerie de le suivre et à l'autre de faire le tour des lignes en dehors et de prendre l'ennemi à dos.

Labiénus voyant que ni les fossés ni les remparts ne peuvent arrêter les Gaulois, rallie trente-neuf cohortes sorties des forts voisins et que le hasard lui présente et il fait avertir César de son dessein.

César hâte sa marche, pour prendre part au combat. On le reconnaît à la couleur du vêtement qu'il avait coutume de porter dans les batailles ; et les ennemis qui, de la hauteur, le voient sur la pente avec les escadrons et les cohortes dont il s'était fait suivre, viennent commencer l'attaque.

Des cris s'élèvent de part et d'autre et sont répétés sur le rempart et dans les retranchements.

Les Romains laissent le javelot et mettent l'épée à la main. Tout à coup leur cavalerie se montre derrière l'ennemi, d'autres cohortes approchent ; les Gaulois prennent soudain la fuite ; la cavalerie romaine les rencontre et en fait un grand carnage.

Sédulius général et prince des Lémovices est tué ; l'Arverne Vergasillaune est pris vivant dans la déroute, soixante-quatorze enseignes sont rapportées à César : d'un si grand nombre d'hommes bien peu rentrèrent au camp sans blessure. Les assiégés apercevant de leurs murs cette défaite sanglante désespèrent d'eux-mêmes et font rentrer les troupes qui attaquaient les retranchements.

A cette nouvelle, les Gaulois renfermés dans le camp s'enfuient en désordre : si les Romains n'eussent été harassés de si nombreuses attaques et de tous les travaux du jour, toute l'armée ennemie eût pu être détruite

Vers le milieu de la nuit la cavalerie fut envoyée à la poursuite de l'arrière garde : une grande partie fut prise ou tuée ; les autres, après la déroute, se réfugièrent dans leurs cités.

Le lendemain Vercingétorix convoque l'assemblée. Il déclare qu'il n'a pas entrepris cette guerre pour ses intérêts personnels, mais bien pour la liberté commune. Puisqu'il faut céder à la fortune, ajoute-t-il, je m'offre à vous et vous laisse le choix d'apaiser les Romains par ma mort ou de me livrer vivant.

Aussitôt on députe vers César : il ordonne que les armes et les chefs lui soient remis. Il s'assied sur le retranchement, à la tête de son camp : on amène les chefs ennemis ; on lui livre Vercingétorix ; les armes sont jetées à ses pieds.

A l'exception des Éduens et des Arvernes, qu'il se réserva pour essayer de regagner ces peuples le reste des prisonniers fut distribué par tête à chaque soldat, comme butin de guerre.

De là César se dirige chez les Éduens et reçoit leur soumission.

Voilà ce que César dit du siège d'Alésia.

A la différence de ceux qui soutiennent telle ou telle Alésia nous avons donné le texte intégralement et *sans le romancer*. Il est, en effet, suffisamment clair pour se passer d'hypothèses ou de réflexions.

Mais remarquons, néanmoins, que dans ce siège, César ne parle jamais de *pierres* soit pour construire des murs ou combler des fossés.

De la terre toujours et du bois...

C'est qu'à Aloise il n'y a pas de pierres. C'est la caractéristique de la Bresse. Des briques, de la terre et du bois.

D'autre part nous avons vu qu'Aloise où nous à menés César est la seule Alésia possible et *chez les seuls Mandubiens admissibles*.

Chose peu banale. Si nous examinons une carte d'Aloise et une carte d'Alise-Sainte-Reine on est frappé de leur analogie avec cette seule différence que les montagnes de l'une (Alise) dont César ne parle pas, sont des collines dans l'autre (Aloise) dont parle César.

César, nous l'avons vu n'emploie que les mots *Colles, opportuni loci* et *loci superiores* (comparatif) pour décrire Alésia. Alors que tous les défenseurs d'Alise, d'Alaise ou d'ailleurs traduisent par montagnes.

Néanmoins une seule fois César emploie le mot *mons* pour désigner une hauteur (en dehors d'Alésia) derrière laquelle se dissimule Vergasillaune avant la dernière bataille.

Or c'est justement le seul endroit que Camille Jullian traduit par colline !

« *Vergasillaune caché derrière les collines* » (1).

Colomb, du reste, également : « ce cirque de Doulaize, un plateau ourlé de collines... »

Partout où César écrit *collis* ces Messieurs traduisent *mons*. Au seul endroit où César dit *mons* ces Messieurs traduisent *collis*.

C'est assez drôle...

----

1. — *Vercingétorix*, p. 291.

Où était ce *mons* ?

Vergasillaune qui a marché pendant quatre veilles avant d'y arriver (c'est à dire douze heures) venait d'assez loin. Et le *mons* derrière lequel il dissimule son armée ne devait pas être dans le tout prochain voisinage d'Alésia.

En tout cas, nous l'avons vu, le texte de César s'accorde merveilleusement avec la topographie d'Aloise, pour la description qu'il en fait.

Pour les précisions qu'il donne du siège il s'y accorde également bien et sans avoir recours à une quelconque hypothèse.

Le camp des Gaulois à l'Est d'Aloise se situera entre la Reure et la Ranche vers l'Etang des Bois et la Boucharde et leur muraille entre ces lieux dits et les Petites Fontenelles — Le Bois Brûlé.

Les camps romains à la Motte, les Vaux, le Haut de Grange, les Parays, le Bois des Quatre-Seigneurs, le Buisson, les Vernes-Guyottes, Saint-Bonnet, le Grand-Breuil.

La plaine de Mirbelle coupée de renflements à deux endroits répond exactement comme dimension à la plaine « *intermissa collibus* » de 3.000 pas dont parle à trois reprises Jules César.

Il ne reste plus qu'à conclure.

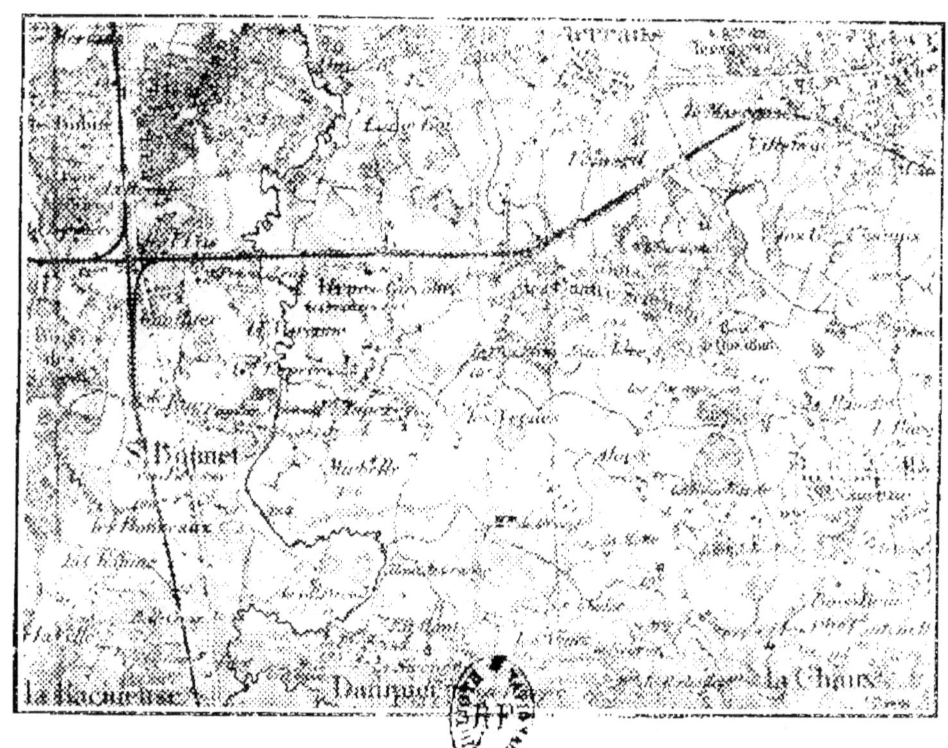

Carte de l'État-Major de la Région d'Aloise

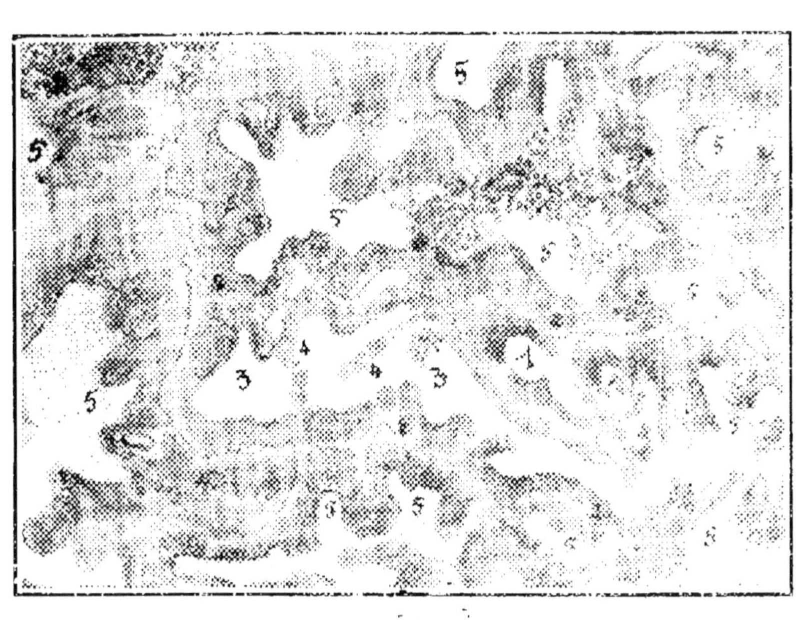

1. — *Alésia.*

2. — *... duo flumina subluebant...*

3. — *... planities circiter millia passuum III in longitudinem patebat...*

4. — *... intermissa collibus...*

5. — *... colles mediocri interjecto spatio, pari altitudinis fastigio...*

CONCLUSION

Il nous semble que *l'Alésia de Vercingétorix ne saurait être ailleurs qu'à Aloise*, pour les raisons que nous avons données précédemment.

Notre travail nous y conduit sans aucun parti pris.

Et jusqu'à présent, tout le monde savant ou non, admettra qu'aucune des Alésia connues ne donne complète satisfaction.

Nous n'avons pas comme les historiens qui soutiennent Alise-Sainte-Reine, dit :

— L'empereur a voulu que ce soit là ! et la Compagnie P. L. M. aussi. Nous allons, maintenant, prouver que c'est là...

Voici 68 ans que le capitaine Stoffel et ses successeurs cherchent cette preuve à Alise.

Ils y ont trouvé une belle ville gallo-romaine, oppidum si l'on y tient des *Allisienses* qui s'appelait *Alisiia*, mais non l'oppidum des *Mandubii* qui s'appelait *Alesia*.

Nous n'avons pas non plus, comme Colomb dans l'*Enigme d'Alésia* ou *Pour Alésia contre Alisiia* dit :

— Voici Alésia, voici le Peu, voici la plaine de Myon, voici le Todeure... Est-ce que cela va à l'encontre du texte des *Commentaires*.

Oui cela va à l'encontre du texte des *Commentaires* du moment que Colomb fait aller César chez les Lingons lorsqu'il dit qu'il se dirige chez les Sénons.

Pour nous, nous avons, simplement pris le texte sans savoir où il nous mènerait.

Il nous a mené dans le lieu le plus humble, peut-être, que l'on connaisse et cela nous semble encore militer en sa faveur.

Car, dans une affaire semblable, si, vraiment, il y avait eu des montagnes escarpées des rochers abrupts, César l'aurait dit ! Non seulement il l'aurait dit, mais il l'aurait redit, continuellement, au cours des vingt-cinq chapitres de son septième livre où il parle d'Alésia.

Or il ne parle que de hauteurs peu élevées et c'est ce que, jusqu'à présent, personne n'a voulu voir.

Nous avons foi en notre Alésia et nous demandons à tous ceux, savants ou non, qui ne sont pas sidérés par l'auréole d'Alise ou d'une autre Alésia d'y réfléchir.

Notre Alésia, Aloise-en-Bresse, *que nous croyons*, depuis trente ans que nous y pensons, *être la vraie...*

APPENDICES

Au sujet du mot Mandubii. — Il ne semble pas que l'on puisse donner à ce mot un autre sens que celui de « *Habitants des rives du Doubs* » (Manere-Dubis).

Néanmoins *Le Petit Comtois* du 4 mai 1927 sous la signature de Monsieur Henri Robbe, prétendait que certains érudits, décomposent ce mot en « *Mandu, terme pour lequel aucune assimilation n'est certaine et Bii ou Vii syllabe ayant des rapports avec une racine (?) désignant des hommes bons et braves.* »

Cela m'étonne...

De la multiplicité des Alésia. — M. Xavier Guichard en aurait catalogué environ deux cents.

Voici une liste qu'on peut allonger autant qu'on voudra :

Les Alais (Eure), *Alais* (Gard), *Alaise* (Doubs), *Alaix* (Loire), *Alas* (Ariège), *les Allais* (Doubs), *Allais* (Rhône), *Alise-Sainte-Reine* (Côte-d'Or), l'*Alizier* (Loiret), *Allissas* (Ardèche), *les Allix* (Haute-Garonne), *les Allix* (Lot), *Alix* (Lot-et-Garonne), *Alix* (Rhône), *Alixan* (Drôme), *les Alissans* (Allier), *Allès* (Dordogne), *Allez* (Lot-et-Garonne), *Allex* (Ain), (Drôme), (Isère), *Alliès* (Cantal), *les Allois* (Haute-Vienne), *Alluisy* (Loire), *les Allois* (Aude), *Alosse* (Loiret), *Alos-Sibas* (Basses-Pyrénées), *Alos* (Ariège), (Tarn), *Aloxe* (Côte-d'Or), *Alozy* (Ariège), *Aluze* (Saône-et-Loire), *Alzan* (Aude), *Alzi* (Corse), *Alzia* (Corse), *Novalaise* (Savoie), *Alièze* (Jura), *Chalaize* (Doubs), *Chaville-Vélizy* (Vallis ou Vallum Alesiæ) près de Paris etc., etc...

Ce qu'on peut découvrir à Alésia.— En y faisant des fouilles on pourrait, probablement, y découvrir des pièces de monnaies, des armes ; en tout cas, pas de monuments gallo-romains, comme on en trouve tant à Alise-Sainte-Reine.

Alésia était une ville gauloise.

Celle-ci prise, au dire de Florus, César la rasa par les flammes « *adæquavit flammis* » pour qu'il n'en reste rien.

Si l'on trouve dans une Alésia les vestiges d'une ville *gallo-romaine*, c'est donc que cette Alésia n'est pas celle de Vercingétorix...

Le champ des batailles.— Sur les cartes anciennes, dont quelques-unes sont reproduites dans l'*Histoire de la Bresse Louhannaise* de Lucien Guillemaut (entre autres : pages 376-377) parmi très peu de noms de villages bressans nous voyons néanmoins notre pauvre tout petit hameau d'Aloise qui n'a que trois ou quatre maisons.

Un souvenir tenace le faisait inscrire aux anciens temps sur les cartes...

Pourquoi ?...

De toute la Bresse, au dire de M. Guillemaut, qui ignorait Alésia, cette région seule s'appelle encore *Le Champ des Batailles*...

L'endroit précis désigné par ces mots le Champ des Batailles est exactement devant

Aloise : Entre ce hameau et la plaine de 3.000 pas, à l'endroit où l'action fut la plus terrible.

Le lieudit se nomme actuellement sur le cadastre La Ville-Lambert (1).

Pourtant il y en eut, au cours des siècles des batailles, en Bresse. Au IV⁰ siècle entre Cuisery-Romenay-Louhans-Loisy, il y en eut, au point de vue massacres d'hommes de beaucoup plus considérables que celles de César.

Mais les batailles d'Aloise ont laissé un souvenir plus grand que toutes celles des siècles suivants...

Sainte-Reine et Alésia.— Xavier Guichard est le premier à avoir signalé le culte de Sainte-Reine lié à Alésia.

Son idée a été reprise par d'autres et G. Colomb la note dans son *Enigme d'Alésia* (Armand Colin, 1922).

Alise en Côte-d'Or est vouée à Sainte-Reine, comme chacun sait. Alaise, dans le Doubs, également.

(1). — *Communiqué par M. Morin, fils.*

Colomb pense que chaque groupement de cités gauloises avait son Alésia et que les Alésia étaient des lieux sacrés dédiés au dieu Tarana ou Taran, dieu gaulois de la foudre.

On retrouve, dit-il le culte de Sainte-Reine aux endroits, qui au temps du paganisme étaient dédiés à Taran.

Selon les prescriptions de Grégoire-le-Grand (**Epit**. 76 L. II) et afin d'amener, comme par surprise les payens (pagani, les paysans, habitant des pagi) au christianisme, en sanctifiant les lieux et les noms qu'ils vénéraient, les fêtes chrétiennes, consécutives à cette sanctification se célébraient aux mêmes dates que les fêtes payennes. De cette façon, les nouveaux convertis conservaient leurs vieilles habitudes et c'est, tout au plus, s'ils s'apercevaient que la fête qu'ils célébraient avait changé d'objet.

Cela est vrai.

C'est ainsi que le dieu Tarana est devenu d'abord Sancta Tarana, puis par apocope Sancta Rana : Sainte Raine.

Mais sainte Raine qui n'était en latin que Sainte Grenouille devint bientôt Sainte Reine, qu'on retraduisit en latin par Sancta Regina beaucoup mieux.

Et la légende de sainte Reine naquit. Elle fut martyrisée par un nommé Olibrius, personnage plus célèbre qu'elle au Moyen âge et même de nos jours.

Cette remarque à un grand intérêt.

Elle laisse supposer que les Alésia ayant eu un culte de sainte Reine, avaient survécu à la tourmente du siège (ce qui va à l'encontre du texte de Florus. qui dit que César égalisa le sol d'Alésia par la flamme de façon à ce qu'il n'en restât rien « adæquavit flammis ».)

Ces Alésia qui ont subsisté au siège ne sont, par conséquent, pas celle de César et de Vercingétorix.

La vraie Alésia n'ayant plus existé après le siège ne doit pas connaître le culte de Sainte Reine. Elle n'a connu que celui du dieu Taran.

Or, c'est ce qui a lieu pour Aloise-en-Bresse.

Nous n'y trouvons pas la vierge chrétienne mais *nous y trouvons notre vieux dieu Taran.*

qui a donné son nom au village le plus proche *Terrans* qu'on prononce en bresse : *Taran*.

Les légendes celtiques de la région d'Aloise. —

Cette région d'Aloise est, de toute la Bresse, la plus riche en légendes d'origine nettement celtique.

Ces légendes font songer à celles des épopées gaéliques et bretonnes, à celles du cycle d'Arthur...

La légende du Gour de l'Ile au Planois n'est-ce pas celle du roi d'Ys, en plus sombre encore, puisque l'amour n'intervient pas ?

Les femmes sans tête du Long-Bois,

Le cheval sans-tête du Palanchat ou de Belle-Croix,

Les génies et la bête monstrueuse de Gommerans,

Les trois demoiselles de Devrouze, celles de Maupey, celles du Gros-Moutherot,

Le coq de l'autre monde de Saint-Bonnet,

Le berger Lus'ique dévoré par ses porcs,

La salle à la Dame, à Alésia même.

Les cloches du château de la Boucharde, également à Alésia.

Et surtout celle du _Poulain d'Or_ qui semble bien se rattacher à la numismatique de Vercingétorix.

La statue d'Aimé Millet.

Commentant un article sur Aloise le _Progrès de Saône-et-Loire_ du 20 mars 1927 écrivait :

« La colossale statue de Vercingétorix en cuivre repoussé, œuvre d'Aimé Millet qui fut élevée à Alise en 1865, sur un piédestal de Violet-le-Duc, a fixé en quelque sorte, sur le sol même la version officielle d'Alise-Alésia. Il semble toutefois que les traits sous lesquels Vercingétorix a été représenté diffèrent sensiblement de ceux que l'on a retrouvés sur des monnaies (1) frappées au coin de ce chef et qui représentent un homme jeune et imberbe tandis que le Vercingétorix de Millet porte une moustache retombante et des cheveux longs.

Puisque les symboles eux-mêmes s'éloignent de la vérité il n'y a rien d'étonnant à ce que les discussions sur l'emplacement d'Alésia continuent ».

Hercule et Alésia.

Diodore de Sicile rapporte une légende

---

(1) _On en connaît une vingtaine. Aucune, du reste, n'a été trouvée à Alise._

d'après laquelle Hercule aurait fondé Alésia au retour de son expédition contre Géryon.

Bien entendu cela n'a aucune importance.

Néanmoins il est curieux, à ce sujet, de noter ceci :

A deux lieues d'Aloise s'élevait le château de la Marche où est né le chroniqueur bourguignon Olivier de la Marche.

Celui-ci dit que les Bourguignons descendent d'Hercule qui, passant par leur pays, y épousa la Princesse Alésia.

Ce rapprochement est assez curieux.

Polémiques récentes. — La question d'Alésia n'avait pas soulevé de grandes polémiques depuis longtemps lorsqu'en 1907 parut *Le Siège d'Aluze* de Bonneau.

Alors, les partisans d'Alise partirent en guerre contre cet auteur, professeur et agrégé de lettres.

Il fut attaqué par M. Gindriez. Héron de Villefosse ni Salomon Reinach ne lui furent favorables.

Ces deux derniers soutiennent Alise-Sainte-Reine, comme chacun sait.

Puis on n'entendit plus guère le nom d'Alésia jusqu'en 1922... sauf par le chef de gare des Laumes.

Rebouillat avait bien fait paraître une fantaisie bressane *A la recherche d'Alésia* en 1911 moi-même trois articles dans un petit journal local *L'Echo du Louhannais* à la même époque ; mais cela, bien entendu, n'avait touché qu'un public fort restreint.

Néanmoins Matruchot, le directeur de la revue *Pro Alésia* m'avait écrit deux lettres a ce sujet.

En 1922, G. Colomb, maître de conférences honoraire à la Sorbonne publiait (chez Armand Colin) son *Enigme d'Alésia* et redonnait vigueur à la thèse d'Alaise (Doubs).

Alors les défenseurs d'Alise se réveillèrent aussitôt de leur torpeur.

La *Revue de Bourgogne* cita une phrase d'un Comtois, nommé Piroutet, qui traitait les défenseurs d'Alaise d'aveugles et de culs-de-jatte !

Et Monsieur Toutain, directeur d'études à l'Ecole des Hautes-Etudes, — directeur, également, des fouilles à Alise, — entra dans la mêlée et « *réfuta* » la thèse d'Alaise dans une communication faite à la Société des sciences de Semur-en-Auxois le 8 février 1923.

Ce qui procura aux adversaires d'Alise la bonne fortune d'une brochure de G. Colomb *Pour Alésia contre Alisiia* (chez Armand Colin) que tous ceux, pour qui la question d'Alésia n'est pas indifférente, doivent lire.

« Je fus autrefois partisan, dit **G.** Colomb, de l'identification Alise-Alésia (1). *Mes premiers doutes sont nés au spectacle de l'opiniâtreté avec laquelle les partisans d'Alise* s'efforçaient d'empiler arguments sur arguments pour défendre une cause que, depuis longtemps, personne ne discutait plus : « Il semblerait, me disais-je, que *ces gens-là ne se sentent pas sur un terrain solide* puisqu'ils passent leur temps à chercher à l'affermir ».

Ma curiosité était éveillée et, pour la satisfaire, je me suis mis à confronter le site du Mont-Auxois avec le texte des *Commentaires*, et, ce n'est pas sans surprise que, dès mes

---

(1). — *Nous tous, du reste, puisque c'est ce qu'on enseigne officiellement dans les écoles primaires, secondaires et tertiaires.*

premiers pas, dans cette voie, je constatai qu'il n'existe entre le texte et la topographie du mont Auxois que des concordances extrêmement légères, ...quand il n'y a pas oppositions ».

Sur quoi, Colomb ayant consulté la bibliographie volumineuse d'Alésia, conclut :

« Bien loin d'avoir vu ma conviction s'effondrer à la lecture des nombreuses pièces du procès, je l'ai sentie s'affermir, tant j'ai trouvé indigente l'argumentation des défenseurs d'Alise.

Qu'ils se nomment Napoléon ou Rossignol, qu'ils soient empereurs ou professeurs, ce sont toujours les mêmes clichés qu'ils nous servent avec les mêmes erreurs de traduction, les mêmes interprétations fantaisistes d'un texte qui est cependant très précis et très clair ; de sorte que lorsqu'on en a lu un on les a lus tous. Vous n'avez pas idée de la monotonie de cette lecture ! ».

Quant à la question d'Alésia située sur une colline *abrupte de toutes parts*, Monsieur Toutain ayant « interprété » de cette façon le texte de César, s'entend répondre ceci par Colomb :

« Ainsi, Monsieur, quand César écrit qu'une ville *paraît ne pouvoir être réduite que par un siège en règle*, vous en concluez que cette ville est perchée sur un rocher « abrupt de toutes parts » ?

Vous ne manquez pas d'imagination.

D'abord, pour être à l'abri d'un coup de main, une ville fortifiée n'a pas besoin d'être juchée sur une falaise « abrupte de toutes parts ». Je n'en veux pour preuve qu'Avaricum, qui n'a pu être prise par César, qu'après trente jours d'un siége extrêmement pénible, au cours duquel les Romains exécutèrent des travaux considérables.

Or Avaricum, qui n'est autre que Bourges, étant une ville construite en pays plat, nous devons en conclure que, pour être à l'abri d'un coup de main, une ville n'a pas besoin d'être perchée sur un roc à pic ».

Colomb avait signalé aussi que les fossés découverts à Alise ne pouvaient être ceux de César et la plaine des Laumes celle de 3.000 pas dont parlent les *Commentaires*.

« On m'a montré dans la plaine qui s'étend devant Alise, deux fossés de section triangulaire qu'on m'a affirmé être un fragment de la circonvallation tracée par César autour d'Alésia. Je n'avais aucune raison d'en douter. Malheureusement les *Commentaires* donnent de ces deux fossés la description suivante :

« *duas fossas XV pedes latas eadem altitudine perduxit* » (chap. LXXII). Or les deux fossés jumeaux qui me furent présentés avaient bien, à peu près, 15 pieds de largeur, mais ils n'en avaient que 8 à 9 de profondeur tout au plus. Donc, en ce qui concerne les dimensions, ils ne répondaient pas au signalement qu'en donnent les *Commentaires*.

Mais il y a mieux ! César ajoute « *quarum* (fossarum) *interiorem campestribus atque demissis locis, aqua ex flumine derivata complevit.*

Donc, les deux fossés creusés par César pour investir Alésia, n'étaient pas au même niveau, puisque le fossé intérieur avait été ouvert dans des *locis campestribus atque demissis* en d'autres termes « en contre-bas » dans des « terrains propres à la culture ».

Or les deux fossés jumeaux que j'avais sous les yeux se trouvaient exactement au même niveau. Si donc Alésia fut sur le mont Auxois, les deux fossés qu'on m'a fait voir n'ont jamais fait partie de la circonvallation romaine que César décrit avec tant de soin dans ses *Commentaires*. Qui a ouvert ces fossés ? Je l'ignore, mais ce n'est certainement pas César. Si l'on veut trouver devant le mont Auxois les fossés de César, il faudra chercher ailleurs...

Autre exemple de non-concordance. A trois reprises différentes, César parle d'une plaine de 3.000 pas de long qui s'étendait devant la ville (ici Colomb cite les trois textes de César cap. LXIX, LXX, LXXIX).

Donc voilà qui est clair et César insiste trop pour que nous ne le voyons pas : une plaine longue de 3.000 pas romains s'étendait devant la place. Voudriez-vous avoir la complaisance de me dire où il me serait possible de trouver devant le mont Auxois une plaine ayant 3.000 pas de long ?... Ce n'est pas, je suppose, la plaine des Laumes qui, elle, est interminable...

Si, par impossible, vous voyez dans la plaine des Laumes, la plaine de 3.000 pas dont parle César, je vous prierais alors de vous reporter au chapitre LXX où César déclare que la plaine de 3.000 pas était *intermissa collibus* « *Intermissus* » dans les *Commentaires* a toujours le sens d'*interrompu*. Une plaine interrompue par des collines (1) est une plaine dont la surface n'est pas plate : elle est tout au moins vallonnée. Voudriez-vous me montrer les vallonnements de la plaine des Laumes ? »

Colomb, enfin, prie Monsieur Toutain d'être plus modeste et lui parle d'une de ses découvertes à Alise que Salomon Reinach a traitée de « tenace mystification ».

Il s'agit d'un four de boulanger qu'on montre aux touristes et qu'on baptise, froidement, sépulture dolménique (Voir : *Le Guide du visiteur à Alésia* page 33 « découverte *capitale* pour l'histoire de la Gaule etc... »).

Les réponses de Monsieur Toutain à G. Colomb furent piteuses et valurent des répliques pleines de bon sens, que quelques-uns trouveront peu tendres. Mais Monsieur Toutain,

----

(1) *Ou simplement des renflements de terrain.*

le premier avait traité ses adversaires de façon
très cavalière.

Rebouillat, ayant fait au sujet d'Aloise une
communication au Congrès de l'Association
bourguignonne des Sociétés savantes les 12-15
juin 1927, Monsieur Toutain, secondé du com-
mandant Espérandieu, fit passer cette note
à la presse :

« *Un exposé précis de Monsieur Toutain,
professeur à l'Ecole des Hautes Etudes, directeur des fouilles à Alésia (non ! d'Alise, s'il vous
plaît !) et président de la Société des Sciences de
Semur, montra que la comparaison du texte de
César et des découvertes de retranchements romains autour du mont Auxois établissent la
preuve absolue qu'Alésia était à cet endroit
malgré les tentatives récentes faites pour essayer
de faire revivre en plusieurs localités de Saône-
et-Loire et du Doubs, des thèses insoutenables* ».

Pour un savant, Monsieur Toutain a bien de
la chance de pouvoir *dans un exposé précis*
établir la preuve ABSOLUE qu'Alésia était à
Alise-Sainte-Reine.

Nous avons vu ce que **Colomb**, professeur à la Sorbonne en pensait.

Nous pensons exactement comme Colomb.

Les fouilles de la Société des Sciences ont été honorées du Concours de l'Etat *elles ont été* subventionnées par l'Etat.

De 1909 à 1912 les fouilles de la Croix-Saint-Charles (Alise) reçurent des subventions de l'Etat.

Depuis 68 ans que l'État donne des subventions à Alise pour y découvrir la vraie Alésia on n'arrive pas à l'y trouver.

Il serait peut-être temps qu'une partie de ces subventions aille à d'autres endroits qui semblent plus indiqués.

comme Alaise dans le Doubs, l'Alésia de Colomb,

et mieux encore à Aloise en Bresse, l'Alésia de Vercingétorix.